冠军

游若昕 著

天津人民出版社
天津出版传媒集团

图书在版编目（CIP）数据

冠军 / 游若昕著. — 天津：天津人民出版社，
2022. 8
ISBN 978-7-201-18677-1

Ⅰ. ①冠… Ⅱ. ①游… Ⅲ. ①诗集－中国－当代
Ⅳ. ① I227

中国版本图书馆 CIP 数据核字（2022）第 139388号

冠 军
GUANJUN

出　　版　天津人民出版社
出 版 人　刘　庆
地　　址　天津市和平区西康路 35 号康岳大厦
邮政编码　300051
邮购电话　（022）23332469
电子信箱　reader@tjrmcbs.com

责任编辑　陈　烨
装帧设计　明轩文化 TEL:23674746 · 王　烨

印　　刷　天津市豪迈印务有限公司
经　　销　新华书店
开　　本　880 毫米 ×1230 毫米　1/32
印　　张　8
字　　数　50 千字
版次印次　2022 年 8 月第 1 版　2022 年 8 月第 1 次印刷
定　　价　49.80 元

确系冠军

——游若昕诗集《冠军》序

诗坛有诗翁，被人私底下戏称为“序作家”，还有更难听的：“女诗人的序作家”，这让君子不得不谨慎，谨防好心办坏事、成恶名。数年前我给自己定下的原则是：不是相识良久知其创作底细者，不为序或不做专论。还好，被婉拒者也多能理解，我在这一块得罪的人并不多。

坦白说吧，有鉴于此，老游请我为小游作序时，我思考了10秒钟，然后应承了。只有一念，叫我义不容辞：游若昕怎么出来的？我不说的话，别人说不清。从“00后”引发的“童诗热”，其核心人物便是游若昕，即时说清楚，是对诗歌史负责。

十一年前，我开始选编《新世纪诗典》时，是以发现新人为己任的。所谓“新人”，不分年龄，只要是我此前不知晓的诗人，甚至还将其制度化了：每季三分之一的篇幅强行预留给“新人”。这令《新世纪诗典》从一起步就摆脱了民刊时代和论坛时代盛行的宗派主义、山头主义，一跃成为一个开放的大平台。十一年前，这个合理的规划让我势必要从零开始认识很多人，但当时我的想象力还是不够的，无法想象这一个个鲜活的“新人”将以怎样的面目和姿态跳到我面前，当然也想象不出一部分“老人”将以怎样丰富多彩的形式遁走、消失。

2013年某日选稿时，一位福建投稿者的诗被我否了，他很快投来自己6岁女儿的诗，却被我惊喜交加地热情推荐，成为《新世纪诗典》推荐的第一位“00后”作者。之后，其父的诗也入典，再之后，其母的诗也入典。这便是游若昕的横空出世，这便是福建的一户诗歌人家。

由于我自己属于改革开放后涌现的第一批少年诗人中立于后排者，所以我对此后几代人中的少年天才多有敏感，所以才能在初遇游若昕时敏锐地意识到：“00后”这一代的小号手来了！用我的名言说，她的“才华是明晃晃的”。并且，她写的并非是时下的“童诗”——这一点在其父给她导读布考斯基（似乎还有我）后加剧了。所以，后来甚嚣尘上的“童诗热”从根本上说是与小游没关系的，她是这个现象隐秘而沉默的核心，她对这个庞大的群体而言只有世俗成名的引领作用。

时代不一样了。新世纪的国人对超前教育极其重视，家长们望子成龙、望女成凤之心切，远超以往，在经济发达的南方更成风气。比《新世纪诗典》更早或同时兴起的“童诗热”正缘于此。而以游若昕领衔的《新世纪诗典》“00后”诗人在其中起到了什么作用呢？如向火中添薪，是实力的证明，尤其是小游的诗。如果你对“童诗热”怀有质疑（起初一直存在），一读小游的诗，便信服了，相信真有天才在。早熟不等于天才，但真有天才存在，相信孩子可以提早进入现代诗的成年写作。

与此同时，游若昕在《新世纪诗典》中勇不可当，怎么写怎么有。《新世纪诗典》也给她提供了适当的展示和充分的保护。几年来她只出席典会而不入泛诗坛，不去上电视，不去做诗星。其父母似乎比较相信我这个过来人的经验：对未成年诗人来说，成长比成功重要。

正因为有此一念，这些年来我的所作所为与所思所想有些矛盾、有些纠结，一方面大力推荐，什么荣誉都敢给：小游早早便获得李白诗歌奖——金诗奖，这恐怕还是目前“00后”诗人获得过的最高奖项吧；另一方面我又盼着她在任何出风头的事情上不要冲在前头。当我发现她天生性格内向，越来越少言寡语，并无一丝一毫的星味儿时，心里竟是高兴的，包括她出版的诗集，已经落在这一代许多人的后面，我竟然也是高兴的。

总之，我希望她是一个再正常不过的中国孩子，不受到在诗上成名的任何打扰，就像在这块土地上成长起来的任何孩子一样，从承受学习压力开始学习抗压，努力学习，迎接高考。不是为当“学霸”，而是争取上好的大学、对的专业……总之，我希望她：既然天赋异禀，那就选择长路！

过来人都晓得：理想很丰满，现实很骨感。屈指一算：改革开放以来的历代知名少年诗人，鲜有人成长为成年诗人者。拿我所处的第一代来说，头号代表人物田晓菲如今是哈佛教授、《金瓶梅》研究学者，已经算是未出圈了。

本书定名为《冠军》，很好。在“00后”这一代少年诗人中，游若昕名副其实，确系冠军。但是现在，少年组短跑比赛已经换给“10后”小朋友去玩了，所有“00后”准备参加成年组长跑比赛，并且发令枪已经打响！

伊 沙

2022年4月下旬于

长安少陵塬兰屋

梦中种的树

外婆真厉害，/生了3个宝宝。/奶奶的妈妈更厉害，/生了8个宝宝。/妈妈最不厉害，/才生了我1个宝宝。

我要比她们都厉害，/我要生50个宝宝，/这样他们就有伴了。/妈妈说，那可要生到70多岁。/我想了想，/算了，/还是生2个？3个？/不，/还是生4个宝宝吧——/这样他们就可以在家里玩“老鹰捉小鸡”了。

这是2013年我在著名诗人伊沙主持的《新世纪诗典》上读到的诗歌，作者是未满7岁的福建宁德小姑娘游若昕，确实令人惊喜和赞叹：这个小孩儿真是厉害啊。以后九年，她好像一直保持着这种“厉害”，诗歌佳作不断，一个人就构成一道迷人的光谱。

现在，她真的生出了“宝宝”，一个大“宝宝”，那就是摆在我们眼前的她的第一本诗集。

诗人是怎样诞生的，这是个因人而异的谜，毋宁说，每个诗人都是一个奇迹。按照西方人的说法，他们可能是“被选定者”。上天是公平的，每个孩子都可能拥有自己的秘密禀赋，有的人喜欢滑雪，有的人擅长下棋，还有的人天生就爱读书或者画画，那么写诗，应该也是其中的一种。这种稀有的、黄金般的元素，非常奇怪地被赋予在极少数人的身上。诗人沈浩波曾有过一个精彩的表述，“诗人乃是天使在人间”。刚好游若昕也有个类似的说法：“每个人/出生前/都是外星人/出生时/才从别的星球/来到地球”。她甚至设想：“在家里/我把头发扎起来/在头顶/竖起一根天线/我写诗的时候/感觉/李白在天堂/连接我的天线/给我信号”。反正，写诗这件事，很难给出解释。而且，写诗与别的事务，又毕竟太不一样了，它关乎对生活的特别发现，尤其涉及对语言的敏感和直觉。一句话，她需要诗的天才。

有意思的是，游若昕的父母也都是诗人，她就生长在一个诗人的家庭里，这恐怕是最适合诗歌的环境了。但大家似乎也公认，小游父母的诗才并不如女儿那般耀眼和夺目。如果说小姑娘的诗恍如“爱丽丝漫游奇境”，那她首先要有本事、有能耐把她的日常生活变成一个“奇境”，而游若昕就充满了这样的诗思：“我坐在飞机里/像被一只大鸟吃了/飞机在天上飞/就像在海底世界一样游”,“风在我心/我心是城//风在我心/使我凉爽”,“而我画的/彩虹/永远都会/挂在天上”,“我伸手去摸黑夜的皮肤/却摸不着/我踢它/它却没有哭/我亲它/它却不亲我/我抱它/它却没有抱我/黑夜就像幻想/我迷上了黑夜”,“富溪的天/像一个巨大的/蓝精灵/在空中飘”,“柚子树上/没有柚子了/只有长着两个/像柚子的/脸蛋/那是我和/新认识的弟弟”。

虽然,我们可以沿用英国诗人布莱克的分类,把孩子的诗大致划入《天真之歌》,以区别大多数成年人的《经验之歌》,但天真之歌确实如同布莱克说的:“从一粒沙看世界,/从一朵花看天堂,/把永恒纳进一个时辰,/把无限握在自己手心”,简单道出人生和世界的真相。有时候在某些孩子那儿,借助上天的眷顾,好像也挺容易的。称量大象体重和揭开皇帝新装的,不都是孩子吗? 当然,诗才是神秘的、说不清的,她既要有对于世界不一样的透镜,又要有脱口而出、说童话如诉家常的能力:“写作业的时候/看见鱼缸里/有一只金鱼/在站立/就像小朋友一样/难道是想/逃出鱼缸吗”,“水是有骨头的/不能让它摔到地上/要不然/水就会骨折”,“我们家楼下/有两棵树/一棵是去年/我从桃花岛带回来种的/已经长大/还有一棵是去年的/梦中种的/也长大了”。

游若昕的诗,令人愉悦,也让人心服。李商隐诗云:“雏凤清于老凤声”,说得不错,而获取孩子般的视角和眼光,不也永远是成熟诗人的类乎“乡愁”的梦想吗? 那种清澈和轻盈,是我们极力想靠近，但却没法重返的。她是儿童写的诗歌，但却并不牙牙学语，作幼儿状（如同有些大人做作和伪造的那样），和大人的诗并置在一起，同样熠熠闪光。诗人伊沙专门强调，游若昕写的不是儿童诗，而是成人诗，是现代诗。诗的标准面前人人平等，隐去年龄之后，唯有诗歌。

约莫是2015年4月吧，在四川江油——李白的故乡，我认识了游若昕。还不到9岁的小学生，由爸爸陪伴着，跟一般小女孩也没有什么不同。不知是不是腼腆，反正对大人们有点儿爱搭不理的，但是一到念诗的时候，她的作品总能博得一片啧啧称奇。在2018年和2019年的两本《中国口语诗年鉴》编委会里，在相差50岁的13名编委中，我竟和游若昕成了同事。虽然她的这个职位，照我理解，更多的是荣誉性的，但这也充分说明了同行们对她的认可和尊重。

因为诗歌活动，实际上近几年和小游频繁见面，我也算是见证了她的成长。最近的一次是去年在内蒙古，她已经是快进入高中的少女了，但其实变化也不大，诗歌的“通灵宝玉”，她还攥在手里。虽然已没有初见时那么“惊艳”，但她每一出手，还都是水准之上的。她的诗，总有一种标志性的迅捷、轻松和准确。比如说，“我是精子/在妈妈的肚子里/和别的精子们赛跑/我奋力奔跑/第一个/到达终点/成了冠军/如果我不跑/快点/如果我不是/冠军/这世上/就没有我了”。这大概是一般孩子知不道也想不到，更写不出的吧。她笔下的“中国历史”,“古代史/打仗 打仗 打仗//近代史/条约 条约 条约//现代史/运动 运动 运动//当代史/改革 改革 改革”,化千年的沉重为轻快的概括,让我这样经历过一些沧桑的人也会会心而笑。再如她看到杜甫草堂,“每一个杜甫都是那么瘦/每一个住着杜甫的房子都是那么大/每一个杜甫都是那么愁眉苦脸/每一个去参观的人的脸上都是那么灿烂的笑容”,有意思的反差和对比,无意间竟对当下中国的某种文化生态做出了精准的描摹。这本来可能并不是我们的阅读期待,但诗歌就是这样,总能给我们以意想不到的发现、触动和启迪。

但小诗人终究也是中国的普通孩子,在社会,在学校,在家庭,她也必须经历同龄人经历的一切。“有个同学/知道我会写诗后/对我说/你知道吗/有一个/会写诗的同学/对我来说/实在是/太遥远了”。并且,现有的教育系统、老师和同学以及很多人的诗歌审美习惯,似乎也还没有准备好,去接受她的那些多少有点“超前”和“另类”的诗歌。好在游若昕是明白的,这种时候,她会意识到,作为诗人,经常还是会有些孤独和寂寞的吧?同时,有趣的是,在那些喜欢和关爱她的诗人中间,她也发现了与他们的区别:“在蒙古包吃饭/快结束时/一支乐队/唱起了蒙古歌/那些中老年诗人/趁着酒劲/也跟着/放声歌唱/而我们这些/年轻人/只能尴尬地/坐在位置上/一动不动”。虽然并不妨碍互相欣赏,但这也是代际、文化背景和趣味差异的必然结果。江山代有才人出，以后有一天，游若昕也会被更年轻的诗人这样打量的吧。不管小游以后还写不写，还会写多久，我觉得，加入到日益开阔和丰富的中国诗歌之中，非常新鲜和出色的这本诗集，对她而言，都是一个珍贵的纪念，也是一个难忘的起点。她已经到了这儿了，足以自豪和骄傲。但远方尚远，前途无量。我们祝福她，也期待她。

唐 欣

2022年4月20日
北京 椿树馆

目录

2013年

2014年

2015 年

2016年

2017 年

2018 年

2019年

2020 年

2021 年

2013 年

2014

2015

2016

2017

2018

2019

2020

星星为什么不会掉下来

因为月亮一直望着她

2021

我要生50个宝宝

外婆真厉害，
生了3个宝宝。
奶奶的妈妈更厉害，
生了8个宝宝。
妈妈最不厉害，
才生了我1个宝宝。

我要比她们都厉害，
我要生50个宝宝，
这样他们就有伴了。
妈妈说，那可要生到70多岁。
我想了想，
算了，
还是生2个？3个？
不，
还是生4个宝宝吧——
这样他们就可以在家里
玩“老鹰捉小鸡”了。

2013.5.27

月亮为什么不会掉下来

星星为什么不会掉下来
因为月亮一直望着她

月亮为什么不会掉下来
因为地球一直牵着她

孩子为什么不去天上
因为妈妈一直绕着她

2013.6.12

彩虹

我要把
整个国家
整个世界
的白纸
贴起来
画一座
大大的
长长的
彩虹
挂在天上
因为
傍晚的彩虹
一会儿
就没掉了
而我画的
彩虹
永远都会
挂在天上

2013.8.18

我家也有红绿灯

妈妈给我买了一辆滑板车
我把客厅当作了小马路

我骑着它去写作业
我骑着它去吃饭
我骑着它去睡觉

但有时我惹爸爸生气了
爸爸的脸就亮成了红灯
我就赶紧把滑板车停下来

2013.11.1

身份

那天我和妈妈去邮局领稿费
阿姨要我身份证
我没有身份证
我回来自己做了一张身份证
对爸爸妈妈来说,我的身份是孩子
对爷爷奶奶来说,我的身份是孙女
对老师来说,我的身份是学生
对叶文迪来说,我的身份是同学
对滑板车来说,我的身份是乘客
对床铺来说,我的身份是客人
对天空来说,我的身份是小鸟
还是风筝呢
对我来说,我的身份是什么呢
是我吗

2013.11.2

会站立的鱼

写作业的时候
看见鱼缸里
有一只金鱼
在站立
就像小朋友一样
难道是想
逃出鱼缸吗

2013.11.4

黑夜就像幻想

夜深了

我关上灯

躺在床上

四周黑漆漆的

好像被人抓到了教堂里

什么也看不见

我伸手去摸黑夜的皮肤

却摸不着

我踢它

它却没有哭

我亲它

它却不亲我

我抱它

它却没有抱我

黑夜就像幻想

我迷上了黑夜

2013.11.6

无题

字在纸张里
睡觉

读出来
字就出来玩

2013.11.12

存在

牙齿掉了
牙床还在

人死了
床铺还在

2013.11.12

大海的孩子

我和妈妈
去黄金海岸玩
我听见
海浪的声音
哗——哗
海浪是大海的孩子
海浪不乖了
被大海妈妈
赶到沙滩上
哗哗大哭

2013.11.15

如果

如果鱼和鸟
交换个位置

鱼在天上
鸟在缸里

鱼鳍变成鸟翅
鸟翅变成鱼鳍

鱼就可以在天上飞翔
鸟就可以在缸里游玩

2013.11.19

水是有骨头的

水是有骨头的

不能让它摔到地上

要不然

水就会骨折

2013.11.19

夜

我在台灯下读书
台灯在书架上读我

2013.12.7

隔（一）

我和妈妈之间
隔着被子

我的房间和爸爸的房间之间
隔着客厅

家和学校之间
隔着道路、店铺、树木

我和路之间
隔着鞋子

宁德和美国、英国、法国、澳大利亚之间
隔着飞机

大地和天堂之间
隔着什么呢

2013.12.15

耳朵里的妖精

爸爸妈妈吵架的时候
我的耳朵里
藏着的妖精
就出来捣乱了
去上学的时候
我一节课都
听不进去

2013.12.28

电

我和爸爸躺在
瑜伽垫上
拥抱
突然
我尖叫一声
啊
我要被电死了
我想起
在福安喝喜酒时
我和姨妈
拥抱在一起
我们都被电了一下
两个人非常相爱
抱在一起
就会有电

2013.12.30

2013

2014年

2015

2016

2017

2018

2019

2020

天上的彩虹很少见了

是不是都落到地上来了

2021

狡猾的太阳

我惹爸爸发火的时候
爸爸的眼睛瞪得圆溜溜的
就像一个狡猾的太阳
把整个屋子都照得热腾腾的
我一看见就会怕
有时候还会哭

2014.2.3

彩虹

下午出门时
在小区门口
看见车屁股后面
有一座彩虹
“彩虹！彩虹！”
我惊叫起来
爸爸告诉我
这是车的尾气造成的
我想
天上的彩虹很少见了
是不是都落到地上来了

2014.2.16

在街上

有的人穿着衣服在走
有的人穿着小车在走
有些人穿着公交车
挤来挤去地走
电动车、摩托车、自行车
穿着人在走

2014.2.22

坐飞机

1

我坐在飞机里

像被一只大鸟吃了

2

飞机在天上飞

就像在海底世界一样游

3

人死了会上天堂

今天

我只看见云朵

没有看见人

人是不是变成云朵了

4

飞机在白云上飞

白云像一座座雪山

5

天上有隧道吗

6

从天上往下看

路像一根根线

房子像一个个小指头

7

我躺在床上

感觉还在天上

酒店在移动

2014.3.21

朗诵诗

我在李白的家
朗诵诗歌
李白也想朗诵
我不让他先朗诵
我读着读着
李白来我背后捣乱
话筒掉了下来
话筒是李白的脚
刚好踩到了我
好痛啊
我听到李白说我是
他的孩子
要他先朗诵

2014.3.28

诗

我讲了一句
什么话
我觉得
这句话很好玩
可是
它一闪而过
跑掉了
如果我能抓住它
就能
写成诗

2014.4.3

纸

一张纸
是
一棵树
的脸

2014.4.3

天线

在家里
我把头发扎起来
在头顶
竖起一根天线
我写诗的时候
感觉
李白在天堂
连接我的天线
给我信号

2014.5.2

在江油的朗诵会上

在江油的朗诵会上
涛哥和余幼幼
坐在一起
我坐在他们中间
的扶手上
像一家三口
我的鞋子
一只放在
余幼幼的椅子下
一只放在
涛哥的椅子下
像一对小猫

2014.5.3

青海湖

青海湖
像个大海
其实是个湖
天空是青海湖
映上去的
所以才那么蓝

青海湖
有那么多的海鸥
海鸥生活在大海
看见那么美丽的湖
又那么大
以为是大海
就住在这里了

我看见了青海湖
仿佛走进了
另一个世界

2014.5.6

感觉

爸爸发脾气时
我感觉整个人
缩在一起
变得很矮很小

爸爸对我笑时
我感觉整个人
舒展开来
变得很高很大

2014.5.15

唱歌

学校举行
唱歌比赛
老师选了五个人
我也在里面
今天最后一节课
老师叫我们下去唱歌
她忘了我
把我赶了出去
我只能躲在地下室
偷偷地唱
自己的歌

2014.5.16

情侣

每天放学回家
第一件事就是
叫爸爸抱我
仿佛一对情侣

2014.5.25

情书

侯马伯伯送我两本诗集
一本《他手记》
一本《大地的脚踝》
一本灰色
一本红色
两本诗集在一起
仿佛一对情书

2014.5.26

李白爱上了我

我同学的妈妈问我
我儿子跟我说
你写了200多首诗
是不是李白爱上了你
你才写那么多的诗

2014.5.28

号码

14
我的胸前
写着这个
红红的
我不是球员
这是我抓的
伤痕

2014.6.5

写诗

经常在我跳舞
吃饭和玩的时候
诗
就毫无防备地
来找我了

经常在写诗的时候
我想写的诗
却毫无防备地
跑掉了
写出来的
却是另外一首

2014.6.8

爸爸9岁

爸爸今年9岁
因为他是从我出生时
才开始当爸爸的

2014.6.14

花

你把花摘下来
花就不美了
你不摘花
花的美就在你的眼前

2014.6.20

爸爸

爸爸又多了几根白发
黑白相间
是要变成斑马吗
还是被人踩成了斑马线

2014.6.23

项链

爸爸生病之前
他脖子上经常挂着我
像戴着一条项链

2014.7.3

影子

法国队进攻时
影子拖着球员跑

德国队进攻时
球员拖着影子跑

2014.7.5

梦

在巴西—荷兰的比赛结束后
今天早上的梦里
我上了六年级
梅西来到我家
叫我去巴西球场踢球
球不是牛皮做的
而是鱼
鱼老是站在原地不动
球踢不进去

2014.7.13

风

风在我心
我心是城

风在我心
使我凉爽

2014.7.14

阳台

上午
我去阳台看
我的衣服干了没
突然觉得头很重
透过窗玻璃
看见一只鸟
停在我的头上
我低下头
那只鸟飞走了

2014.7.21

哪里都是舞台

哪里都是舞台
水是
书是
琴键是
地板是
鱼在水里
左扭扭
右摆摆
手在书上
左翻翻
右翻翻
指在琴键上
上蹦蹦
下跳跳
鞋子在地板上
上踩踩
下踩踩
一场舞会开始了

2014.8.14

弹琴

我把琴的窗户打开
音乐飘出窗外

2014.8.27

河

爸爸脚上的毛
很长
像黑水草
我的手指
在那里游
像小鱼

2014.9.6

金牙

爸爸的
牙齿
很黄很黄
像一颗颗
金子
要是拿去卖
肯定发大财
不过
我不卖

2014.9.8

琴上的球场

我在弹
小狐狸
和
小红帽
一首
德国歌
一首
巴西歌
好像
世界杯时
德国队
和
巴西队
在踢球

2014.9.20

读梵高

盛开的樱花
如云
从大地上
升腾

2014.9.20

故乡

我的故乡在
妈妈的肚子里
医生把妈妈的肚子
切开
打开一扇门
我出来后
门关上了
我回不去
到现在
故乡的门
还关着

2014.9.20

吹牛

我把下唇
伸得再长
再卷
也
吹不了
牛
只能吹起
自己
额头上的
头发

2014.10.24

雪景

洗完澡
我躺在雪白的床单上
我浑身的湿疹
红红的
像梅花
落在雪地上
一朵一朵的

2014.10.26

我的眼睛是路灯

黑乎乎的楼道也能看清

2014.10.31

秋雨

今晚
外面下起了雨
淅淅沥沥
我想起了
我的同学
陈
秋雨

2014.11.2

果园

柚子树上
没有柚子了
只有长着两个
像柚子的
脸蛋
那是我和
新认识的弟弟

2014.11.8

梵高（一）

梵高不是自杀
而是把手枪
当成画笔
在自己的胸膛
作画

2014.11.23

晚安

每晚睡前
我都会对
爸爸
妈妈
小羊
说一声
晚安
有的时候
也会对自己
说一声
晚安

2014.11.27

马(一)

马的鬃毛
是火焰

跑起来
像彗星滑过夜空

2014.11.30

回声

睡觉时
邻居的阿姨
都会唱几首
婴儿的催眠曲
我也经常
听着这些歌
迷迷糊糊地入睡
睡前
我和爸爸读诗时
是不是
也在教这个
小婴儿
读诗

2014.12.2

隔（二）

我戴着口罩
像和世界
隔着一面墙

2014.12.3

唱歌

唱歌时
我一边弹琴
一边唱歌
是伴唱
也是主唱

2014.12.4

家乡

富溪的天
像一个巨大的
蓝精灵
在空中飘

2014.12.10

迷宫

我抱着爸爸

感觉自己变小了

走进了爸爸的迷宫

2014.12.14

比

我写诗
不和大人比
不和小孩比
只和自己的
影子
比

2014.12.15

圣诞

我和爸爸
在菜店门口
一辆车
飞驰而过
爸爸被撞了
还好
被撞的
是
影子

2014.12.25

2013

2014

2015年

2016

2017

2018

2019

2020

2021

从现在起

我要把

这些美丽的

愿望

带到外面

流浪

树

我们家楼下
有两棵树
一棵是去年
我从桃花岛带回来种的
已经长大
还有一棵是去年的
梦中种的
也长大了

2015.1.3

阳光下

我在阳光下
坐着
傻呆呆的
可我不是呆子
而是在
吸收阳光

2015.1.3

外语

我在电脑上
看
我小时候
讲话
嘀嘀咕咕

爸爸听不懂
妈妈听不懂

看着视频
我也听不懂
自己讲什么

那时候
我是在讲
外语吗

2015.1.21

雪山

羊群
在山上吃草
一直吃到冬天
变成了雪
覆盖了山

2015.2.11

年味

快过年了
年的味道重了
年的味道
是年糕的味道
是鞭炮的烟的味道
和噪音的味道
是我写的春联的墨水的味道
是红包里的压岁钱的味道
是我和哥哥玩耍的味道
是大家互相拜年的味道
是爷爷做的饭的味道
是奶奶啰唆的味道
是我长大的味道
是爸爸妈妈变老的味道
是外太公望着天空
看着外太婆灵魂的
孤独的味道

2015.2.11

冠军

我是精子
在妈妈的肚子里
和别的精子们赛跑
我奋力奔跑
第一个
到达终点
成了冠军
如果我不跑
快点
如果我不是
冠军
这世上
就没有我了

2015.2.22

公园里

人们在遛狗
我在遛风筝

蓝天在遛白鹭
风在遛波浪

花儿在遛香味
爸爸在遛自己

2015.2.23

隧道

1

穿越黑暗

就是亮光

2

在隧道里

我总是第一个

看见

出口的亮光

我的眼睛

会拐弯

2015.2.24-25

怀抱

半夜三更
我被妈妈
从房间里赶出来
冷
冷
清
清
等走到客厅中央
看见窗外的路灯
探进头来
抱我

2015.2.28

眼睛

一只哈巴狗
躺在我和爸爸
的中间
爸爸是它的
左眼
我是它的
右眼

2015.3.8

星空

雨停了
雾散开了
云飘走了
高楼挪开了
路灯关了

一路上
我在跳
星星也在跳

2015.3.15

T台秀

我的老师
总是变来变去的
现在
已经有十几个
老师了
就像模特走台
记也记不清

2015.3.30

『哼』

爸爸批评麦笛时
它“哼”了一声
爸爸批评我时
我也“哼”了一声
只是
麦笛的被爸爸听见了
我的
在心里
爸爸听不见

2015.3.30

电影

柘荣的天空
有时晴天
有时下雨
还有时下雪
就像一部部
有趣的动画片
一天天播放
给人们看

宁德的天空
灰蒙蒙的
放映机
坏了
没有人修
播出的电影
总是
恐怖片

2015.3.8

冷汗

今天爸爸开车回家
差点儿撞上
迎面闯红灯的
电动车
我跟爸爸说
我吓得出了一身
冷汗
可我不知道
冷汗是什么意思
只是懂得
用它

2015.4.12

杜甫

爸爸在杜甫草堂
买了两个杜甫[1]
晚上
我要把杜甫
带去江油
找李白玩

2015.4.17

1 指杜甫卡通头像。

杜甫草堂

每一个杜甫都是那么瘦
每一个住着杜甫的房子都是那么大
每一个杜甫都是那么愁眉苦脸
每一个去参观的人的脸上都是那么灿烂的笑容

2015.4.22

马（二）

在沙滩上
我看见两匹马
一匹白马
一匹黑马
踩着马粪
很臭
以前
我只在童话中
看见马
很可爱

2015.4.25

耳朵

睡觉时
我经常能听到一些声音
可是我是睡着的
有的时候
我什么也听不见
可是我也是睡着的
难道耳朵
自己散步去了

2015.4.25

春天

排路队时
一缕阳光
飘到了
我的头上
谁也不知道
我忽然觉得
我的身子
很暖和
摸了一下头发
一把抓住了
那缕阳光

2015.5.3

门

从来不用
关的门
早就诞生了
那就是
门
字

2015.5.24

福

我在麦笛的
窝前
贴了一个
福字
妈妈没注意到
爸爸没注意到
就连麦笛
也没有注意到

2015.6.15

愿望

我存了许多
愿望
许多美丽的
愿望
从现在起
我要把
这些美丽的
愿望
带到外面
流浪
这样
它们就不会
在我的眼前
晃动了

2015.8.1

懒觉

今天
我为什么
这么迟
起床
就是为了
把我做的
好梦
做完

2015.8.29

形象

镜子里的我
照片中的我
视频上的我
影子里的我
别人眼里的我
梦中的我
是不是
真实的我
如果不是
那真实的我
在哪

2015.9.3

梵高（二）

我看见
梵高的画时
就喜欢上了
梵高
可我在书上
看见梵高
把自己的耳朵
割下来时
我就一点儿
也不喜欢
梵高了
现在我也不知道
到底
喜不喜欢梵高

2015.9.13

上学路上

上学路上
我在红绿灯
或马路中间
常常能见到
一些疯子
或乞丐
我看见疯子
在疯时
我会忍不住
噗地一声
笑出来
我看见乞丐
在讨钱时
我在心里
总会给乞丐
几元钱

2015.9.14

书

我捐的书
班上没有一个人看
我发现班上
的同学
没有一个是捐外国的
都是中国的
只有我是
捐外国的

2015.10.9

废墟

我的牛奶箱
被贴满了
广告
没人住
那儿
变成了
一片废墟

2015.11.1

鼠标

爸爸经常把
剃须刀
放在电脑旁边
有时
他就会把
剃须刀
当成鼠标
结果
怎么也
点不进去

2015.11.8

黑森林

在大家的
掌声中
一个人
走了进去
不知过了
几千年
几万年
这个人
再也没有
走出来

2015.12.27

2013

2014

2015

2016年

2017

2018

2019

我要去找谁

找一个灵感

给谁

给我

2020

2021

百合花开

妈妈昨天买的
四朵百合花
一夜之间
就开了三朵
那么茂盛
那么香气袭人
还有一朵
就那样躲着
不给别人看
自己的秘密

2016.2.6

比喻

去宠物店
买了两件
一大一小
的衣服
麦笛穿上去
像极了
一位小姑娘
达菲穿上去
站不起来
更别说
像什么了

2016.2.10

我要去找谁

我要去找谁
一缕孤独的风
让他也知道
什么叫风

我要去找谁
一个漂亮的你
让你也知道
什么是你自己

我要去找谁
一只可爱的狗
谁知道呢
它到底是谁

我要去找谁
找一个灵感
给谁
给我

2016.2.16

虚惊一场

有一天
我上厕所
擦屁股时
发现有一点
红红的
东西
以为来了月经
但仔细看
又像是彩色笔画的
后来
才发现
这是短裤图案的
一个红点
让我虚惊一场

2016.3.27

消失在迷雾里

漂流时
天正下着雨
到半中间时
有迷雾
我们前面的
竹筏
消失在了迷雾里
等我们在迷雾里
感觉不是在溪上
而是在天上

2016.4.3

爬山

河对岸
有一座山
那座山又高又大
好有气势
结果
让我大失所望
我们在山里头
绕来绕去
最终
还是绕到了
原位

2016.4.3

看见

经过十字路口

爸爸看见的是
红绿灯

我看见的是
一朵花

黄色花蕊
红色花瓣

衬着
绿色叶子

2016.4.4

邀月阁

在邀月阁

我没看见李白

也没看见月亮

只看见

几只燕子

和它们的窝

2016.4.26

我想

我想
把一首诗
写在
一丝光里
你看不见
他看不见
只有盲人
看得见

2016.7.17

某个人

早上好

某个不认识的人

对我打招呼

也许同时

在另一个世界

在同样的地方

那个不认识的人

会对我说

晚上好

2016.8.3

广场舞

一位小姐
和一位大叔吵架
大叔说
我一次能把十个人
叫来
你听好了
老实点
小姐大叫
了不起哟
边说边跳起了
广场舞
踢踏踢踏
踢踏踢踏
一大堆人
也
踢踏踢踏
踢踏踢踏
跳起了舞

2016.8.3

无题

金
字字
塔塔塔

是埃及的首都

2016.9.3

饿肚子的红薯

放学走向公交站
天气太热了
一点阴影也没有
太阳晒着我
浑身冒汗
成了烤红薯

一只迫不及待
想回地里的红薯

2016.9.6

让座

在公交车上
我抢到了位子坐
以前一直都站着
站习惯了
坐着反而不习惯
想站起来
再坐下去
谁知道
有个老奶奶坐了我位子
人家以为我让座
一直冲着我笑

2016.10.11

2013

2014

2015

2016

2017年

2018

2019

2020

2021

每个人

出生前

都是外星人

母语

我叫我的妈妈
叫mama
我看过的电影中
有讲英语的
有讲德语的
有讲法语的
……
他(她)们叫
自己的妈妈
也都是叫
mama

2017.1.4

人类灭绝时

恐龙重现日

2017.1.10

相关

我在百度上
输入我的名字
网页上
出现的相关人物
有伊沙、徐江、潘洗尘
……
甚至还有李白
但是没有
我的爸爸
也没有我的妈妈
难道
他俩
和我一点关系
也没有

2017.2.6

冒险

我看书
都是爸爸推荐的
现在
我在看一本
不是爸爸推荐的书
此时此刻
我想
自己冒一次险

2017.4.4

流行

爷爷小时候
流行放牛放羊
爸爸小时候
流行玩打仗游戏
冲啊
哒哒嘀
我们现在
流行养仓鼠
养乌龟
我们班上
男生大都养乌龟
女生大都养仓鼠
而我
既养仓鼠
也养乌龟

2017.4.15

女儿的名义

游连斌

我以你女儿的

名义

逮捕你

并命令你

不准去上班

更不准去加班

三个月

2017.4.18

致小皮

亲爱的
仓鼠小皮
你的笼子
还在淘宝的路上
可你却上了天堂
去见我的
爷爷

2017.4.20

风筝

南岸公园里
一个很像风筝的人
在放一只
很像人的风筝

2017.4.24

海

海是无边无际的
无数的沙滩
在海的各处
组成了海
同一个海

2017.5.4

荡秋千

在公园
我和达菲在
荡秋千
爸爸在一旁
帮我俩拍照
天渐渐暗了下来
我想起了以前
我和涛瑞
在这荡秋千
爷爷在一旁
吸着烟
现在
爷爷在天上
看着我们

2017.5.22

等级

我弹琴得了
铜奖
爸爸问我
金奖是谁
我考试
考了90分
爸爸问我
100分是谁

2017.5.27

望灯止渴

傍晚

轮滑训练回家

浑身冒汗

看见绿灯

闪烁

好像看见

一个大西瓜

在我面前

晃动

2017.6.11

兵马俑

兵马俑里
有你
有我
有他

2017.6.29

放生

一个人
钓了一条鱼
又放生了
但那个人
并没有将鱼
放进河里
而是将
整个鱼盆
放进河里

2017.7.2

小丑

小丑
在舞台上
表演节目
有一根高高的柱子
小丑
走在上面
那根高高的柱子
摇摇晃晃
只有小丑
在走
别人
早已离开

2017.7.3

在公安局吃早餐

去北京市公安局
拜访侯马伯伯
他请我吃早餐
侯马伯伯指着
豆浆说
这个吃一点
指着蛋糕说
这个吃一点
什么都吃一点
于是
我便在这个警察的
监视下
吃了一顿
警察局的
早餐

2017.7.26

外星人

每个人
出生前
都是外星人
出生时
才从别的星球
来到地球

2017.8.13

故宫的钟

一进门
有一座
恢宏的大钟
要抬头
才能看
像古人

2017.10.2

三都澳

游轮驶过的
地方
浪花溅起
洒到我的
衣服上
好像白发女巫
从船底飘过
头发
甩到我的
衣服上

2017.10.6

公交车上的空位

公交车上
很挤
一个小伙子
把座位
让给了
一位老奶奶
老奶奶不坐
于是
那个空位
就一直空着
阳光照在上面
充满了神圣感

2017.11.17

偷渡者

检查团的人
来检查
老师让我们
在公交车上
不要乱说话
我想
检查团的人
会不会
藏在车上
和偷渡者一样

2017.12.1

验尸官

爸爸躺在床上
小狗麦笛
趴在他
身上
就像一个
验尸官

2017.12.13

日本

日本是
岛国
学校把校服
做成了
水手服
把学生
培养成
水手

2017.12.14

离题

老师让我们
写身边的名人
我写了梵高
我的后桌
写了我

2017.12.20

2013

2014

2015

2016

2017

2018 年

2019

2020

2021

爸爸说

没有人

能活上千年

我反驳

谁说的

李白

就活了

上千年

立春

春天来了
我想起
几年前
爷爷带我
去挖笋
笋白白嫩嫩的
去年
爷爷死了
他被火化后的
骨头
也是白白的
和笋一样

2018.2.7

诗画

唐代诗人
王维说
诗中要有画
江湖海的
《寺院烟火》中
就有画
我认为
诗中不仅
要有画
还要是
3D、4D
比如我的
《黑森林》

2018.2.8

三八线

平昌
冬奥会
开幕式
韩国队和朝鲜队
一起走
他们越过了
他们之间的
三八线

2018.2.9

蝌蚪

在东湖旁的
小水池里
看见
密密麻麻的
蝌蚪
我一直盯着
那群蝌蚪
感觉
自己被
从童话里
逃出来的
逗号
包围了

2018.4.5

春天来了

春天来了
银杏绿了
榕树的
黄叶落了
杜鹃花开了
桃花开了
樱花开了
我的湿疹
又长了

2018.4.8

监控

我们班
装了监控
一开始
很多人
都很不自在
现在
我们一进班级
就会对着
监控敬礼
嘴里说
胡老师好
或
郑老师好

2018.4.27

葬礼

中午
在放学路上
我遇见了
一只死老鼠
于是
我和我同学
就弄些杂草
盖在老鼠上面
给它举行了
一个小小的
葬礼

下午
我和我同学
再次来到
死老鼠的地方
发现
老鼠上面的
杂草已不见
只能看到
密密麻麻的
蚂蚁
在老鼠上
爬着

2018.5.4

银杏树

在百花潭公园的
北门
有一棵
银杏树
下面的资料
显示
银杏有上千年的
历史
爸爸说
没有人
能活上千年
我反驳
谁说的
李白
就活了
上千年

2018.5.28

还有人

来到江油
西娃阿姨
来车站
接我们
她问了一句
人都到齐了吧
正要迈腿
走出去
我说
还有一个人
他们转头
疑惑地
看着我
我指着
后面
屏幕上的
李白说
是他啊

2018.5.28

追星

电脑课上
班上同学
都在搜
自己喜欢的偶像
我在搜
我自己
周围的同学
都凑过来
看着我
这时
坐我旁边的
黄丽璇说
她在追
自己

2018.6.8

毕业照

拍毕业照时
有两位老师
缺席
今天
发毕业照时
却发现
那两位老师
被P了上去

2018.6.21

新大陆

我在吃玉米
在阳光
照耀下
玉米闪闪发光
晶莹剔透
真像
哥伦布发现的
新大陆

2018.7.17

词穷

在华侨城洲际酒店的
餐厅吃早饭
我的手肘
不小心
碰到了
一个金发碧眼的
外国小男孩的
肩上
我“啊”的一声
忙说
对不起
小男孩看了我一眼
很是疑惑
我这才想起
他是一个
外国人
可我却
怎么也想不起
“对不起”的英语
怎么说
只好尴尬地
拍了拍
他被我碰到的
肩膀
灰溜溜地
离开

2018.7.25

长江大桥

在武汉
长江大桥
去的时候
一弯新月
陪着我们
回来的时候
呼呼的风声
陪着我们
去回唯一不变的是
车的轰隆声

2018.9.14

倒立

为了在小说中
运用倒叙的手法
我靠在墙上
倒立了一会儿

2018.10.3

这就是我

爸爸说

人的心胸要像大海

一样宽广

我说

可是

海边很臭啊

2018.10.30

捡回来的诗

我写过的诗中
有不少
是从
老师批改认为
写得不好
的作文里
捡回来的

2018.11.28

历史（一）

《诗经》
是中国第一部
诗歌总集
《口语诗年鉴(2018)》
是中国第一部
口语诗年鉴
同样是
诗歌总集
前者
我是读者
后者
我是作者
还是编委

2018.11.2

历史(二)

东汉后期的10个皇帝
都是未成年人
就当皇帝
最大的15岁即位
最小的1岁即位
1岁的时候
我还在吃奶
5、6岁的时候
我在上幼儿园
12岁的时候
我刚上初中
不是玩
就是读书
而他们那么小
就要管理
国家?

2018.11.7

回忆

躺在床上
看我小时候写的诗
看着看着
我看到了《号码》
惊呼一声
拿给爸爸看
爸爸却面无表情地说
你“抓”字写错了
我心想
这个字不能改
充满了回忆

2018.11.16

下棋

我和我的影子
在下棋
玩了快半个小时
终于
我的影子赢了
我却输了

2018.11.2

生活

上初中后
我每天
都被淹没在
作业堆里
学过的游泳
一点用也没有

2018.12.28

2013

2014

2015

2016

2017

2018

这个世界上

谁最懂我呢

我连我自己

都搞不懂

怎么可能

还有人会懂我

而且是最懂我

2019 年

2020

2021

翻墙

一个人
把花圈上的名字
写错了
又返回殡仪馆
想把花圈上的名字
改掉
却发现
门关了
他只好爬墙进去
又爬墙出来
这一幕
被另一个人
拍了下来

2019.3.9

性别

生物课上
老师让我们
摸摸自己的心跳
女生们
都很腼腆地笑着
手却没有摸
心跳
她自己
也不好意思去摸
只在空中
做了个手势

2019.4.30

梦中见面

在梦里
我见到了
奶奶
她左手
拿着一只鸡
右手
拿着一只鸭
笑眯眯地
望着我
说
若昕啊
你还想吃鸡吗
说着
举起左手的鸡
晃了晃

2019.5.19

雪上加霜

今天的作业

很多很多

可是头痒

抓一下

头皮屑

和雪花一样落下

要洗头

浪费我

宝贵的

20分钟

真是雪上加霜

2019.6.11

错误的选择

小学放学
前往公交站的路上
经常会有
放羊的人
赶着一群羊
从马路对面
走过来
羊边走边拉屎
我踩到了
其中的一坨
我下意识地
把脚放在路边的
护栏上抹
低头一看
没想到护栏上
也都是屎
越抹越脏
越抹越脏

2019.7.5

范进中举新篇

昨晚
我梦见了
2021年7月13日
我来到
学校的榜单前
看见
第九名
游若昕
640分
录取学校
宁德一中
我高兴地
奔回家里
把这个
好消息
告诉了
爸爸妈妈
爸爸一听
乐坏了
蛙跳着
来到厨房
举起一把菜刀
冲他一直偏爱的
年老的
小狗麦笛
砍了过去

2019.7.18

语言

以前过年
家里有两种语言
普通话
和方言
现在
爷爷奶奶走了
过年
家里只有
普通话了
将来
我长大了
过年
家里又有两种语言
普通话
和英语

2019.7.22

思念

奶奶走了

她的房间关了

小狗麦笛和达菲

时不时会

趴在她的房间门口

眯一小会

2019.7.22

单人照

在兵马俑
三号坑的过道上
遇到一个
很可爱的
三四岁左右的
外国小女孩
我走上前
问她的父母
能不能让她和我
合影
他们同意了
就在快门键
落下的瞬间
小女孩
突然很害羞地
逃开了
追也追不回来

2019.7.28

穿越闪电

从西安回宁德

坐飞机时

一道闪电

划过夜空

白得刺眼

像《绿野仙踪》里的

龙卷风来袭

我眼睁睁地看着

飞机

穿越了

那道闪电

2019.8.6

半坡的天空

在西安
半坡遗址
闫永敏对
半坡人
并不感兴趣
她一直拍
天空
那是半坡人的天空
也是闫永敏的
天空

2019.9.8

远大理想

一年级时
我一个同学的
家长
去澳大利亚旅行
带了一个
很可爱的
小刺猬橡皮擦
我看了很喜欢
于是
我立下了
长大以后
去澳大利亚留学
也买一个
小刺猬橡皮擦
的远大理想

2019.11.26

最懂我的人

老师要求我们
写一篇作文
题目叫《最懂我的人》
这个世界上
谁最懂我呢
我连我自己
都搞不懂
怎么可能
还有人会懂我
而且是最懂我

2019.12.31

2013

2014

2015

2016

2017

2018

2019

2020年

2021

我不禁想

看着别人长大

感觉真好

以前

从来都是

别人看着我

长大

牛顿与我

五年级
在师院
牛顿的雕塑前
讲解员对我们说
有一天
牛顿坐在树下看书
突然
被一只苹果
砸到了
于是
他便想出了
一大堆的问题
最后
成为了一名
伟大的
科学家
物理学家
于是我就想
假如我被苹果砸到了
我可能会大哭
然后把苹果吃掉
再把这件事
写成一首诗

2020.2.12

疫中

昨天下午
我第一次出门
小区旁边的篮球场
空无一人
几个口罩
对着
已经没有
球框的篮板
投篮

2020.2.24

疑惑（一）

每次
校长来我们班
视察
老师都会让我们
赶紧坐好
不要讲话
不要东张西望
到现在
我还没搞懂
为什么
要这么做
为什么
不能和校长
打招呼或者拥抱

2020.3.24

诗意

李白、王维等
诗人写的诗
他们的本意
也许不是
课本注释
或者考试答案
那样子的
他们也许是
别的意思
正如别人评价
我的
《黑森林》一样

2020.4.12

中国历史

古代史

打仗　打仗　打仗

近代史

条约　条约　条约

现代史

运动　运动　运动

当代史

改革　改革　改革

2020.4.14

目光

最近
每一天
麦笛都会
把奶奶曾经
住过的房间门
打开
我把它关上
它又打开
把头往里面
伸一下
探一下
那里
应该有我
所不知道的
目光

2020.5.18

成长

傍晚回家
遇见邻居家的
双胞胎女儿
一前一后
牵着爸爸妈妈的手
走着
嘴里还叫着
姐姐
我惊喜极了
想不久前
她们还在襁褓中
我不禁想
看着别人长大
感觉真好
以前
从来都是
别人看着我
长大

2020.6.15

望南漈山

在红绿灯路口
抬头望
不远处的
南漈山
看不见塔
塔被浓密的云淹了
我是塔
路上的车流淹了我
我不是塔
我看见了
南漈山上的云
把塔淹了

2020.8.2

传承

中午
学习古希腊历史时
妈妈告诉我
任洪渊爷爷
去世了
想起3年前
在重庆参加诗会时
他给我颁过奖
神情十分慈祥
现在想来
这就像在
奥林匹克运动会上
任洪渊爷爷
把诗的火炬
传给了我

2020.8.13

远和近

有个同学

知道我会写诗后

对我说

你知道吗

有一个

会写诗的同学

对我来说

实在是

太遥远了

2020.8.29

美术课

初三的新课表
没有美术课
初二的时候
虽然有排美术课
但一直被数学老师
占用
我们告诉他
我们想画画
于是
数学老师
让我们拿出尺子
画三角形
画平行四边形

2020.9.1

疑惑（二）

都说唐朝
是个伟大的朝代
可是
为什么
我们都称呼自己
是汉人
而在美国
却有
唐人街

2020.9.5

完美

你的工作考核
获得全票通过
你的单位
那么多人
居然
没有一个人
反对或弃权
还好意思说
自己是单位
最有个性的人

2020.12.21

好久不见

我蹲在
书桌底下
找东西
爬出来时
看见一个
蓝色氢气球
在我头顶
飘
再仔细看
原来
是爸爸
穿着蓝色的毛衣
在挥手

2020.12.21

2013

2014

2015

2016

2017

2018

2019

2020

2021 年

我更喜欢礼物

钱是物质上的

给予

礼物是精神上的

给予

关于诗的认知

翻看以前
自己写的诗
看到其中一首
写着
金字塔
是埃及的首都时
我感觉
自己的认知
受到极大的
冲击
历史书里
讲的是
开罗是埃及的首都
而金字塔
是埃及的象征
如果我把
这两句话写下来
就不算是一首诗了
只能是
一个概念

2021.1.2

给予

爸爸给我礼物和钱
我更喜欢礼物
钱是物质上的
给予
礼物是精神上的
给予

2021.1.8

特矮生

体育课的时候
体育老师对我说
如果你
身高再高一点
你就能报
体育特长生了
我想
如果
诗歌也有
特长生
那我就能报了
可惜没有
所以
我只能
裸考了

2021.1.13

我写的诗

复习资料中

有一篇北京中考作文题

写着

若写诗歌

不少于20行

我想

真难得

可转念一想

即使福建中考

让写

诗歌

我也有可能更惨

也许一分

也得不到

因为我们这里

老师喜欢的

是那种

啊……

啊……的诗

2021.1.17

成长

上了初中
我对小说中的主角
没有多少感觉
反而特别喜欢
那些
和主角有着
千丝万缕的关系
却又似乎没有关系
显眼
似乎又不
那么显眼的
配角

2021.2.8

护主

每次

爸爸做出要打我的

样子

麦笛都会

冲过去

冲着爸爸

大吼大叫

现在

只要在家

方圆30厘米内

爸爸都不敢

靠近我

2021.2.18

愿望

妈妈说
只要你认真学习
想要什么
都给你买
只要在她的
能力范围内
想了想
又说
当然
月亮是不可能的
我说
有呀
就在奶奶房间
那个天文学
望远镜里

2021.2.21

彻夜难眠

每天晚上
我都要听鬼故事睡觉
鬼故事的开头
总有一句
让你我一起
彻夜难眠
最近几天
我都是听了
还不到5分钟
就睡着了
更别提什么
彻夜难眠了

2021.3.5

升国旗的时候
教导主任
对大家说
从今天开始
大课间
初一初二的同学
都不准下操场
要把操场
留给初三的同学
他们马上要
体育中考了

2021.3.8

漫山遍野
竖起了耳朵

清明节上网课时

看到一位同学

在评论区下说

老师

我一边扫墓

一边听你

讲课

2021.4.4

命运一种

星期六下午
篮球训练时
一不小心
我将球
拍到了足球队的
地盘上
我刚一回去
他们中的
一人
又将足球
踢到了我的
脚下

2021.4.23

六月雪

前年
初三毕业班的
学生
中考考完
站在走廊上
撕书
我站在楼下
看着雪花纷纷而落
两个月后
我也会站在走廊上
将一叠又一叠的
试卷
但不是将书
撕掉
给六月增加一点雪意

2021.4.25

提议

今天
袁隆平爷爷
去世了
我提议
每一个中国人
都来做一碗
米饭
对着它
默哀三分钟
再把它
吃光

2021.5.22

差距

外国人
对于足球篮球
钢琴这些东西
定义都是play
玩
而在中国
就变为了
学

2021.6.28

马（三）

中考数学
考了一道田忌赛马
那道题
难倒了一大片的人
当然
也难倒了我
今天
我来到内蒙古的
大草原
准备骑马
却突然下起了
暴雨
看来
我和马之间
有一道
过不去的坎

2021.7.11

小白

去侯马伯伯家
他带着我和妈妈
去院子外面的
城墙玩
大老远
就看到了
他们院子里的
野猫
他十分激动
大喊
小白
小白
那只野猫
听见喊声
转过头就跑
等到我们下城墙时
发现
那只野猫
端端正正坐着
好像在等我们
它回头
看到我们
又飞快地
跑掉了

2021.7.13

敕勒歌

去海拉尔的
白桦林
快下林时
看到一个标牌
上面写着
白桦王子与白桦公主
我找了一圈
没有看到
只看见两个
由轮胎
构成的小人
孤零零地
立在那
它们
会不会就是
王子和公主

2021.7.13

出塞曲

去白塔机场
前往海拉尔前
特意去了
昭君墓
走进展览馆
看着那些史料
想到昭君
从长安
千里迢迢
嫁到匈奴
为了维护汉族与
匈奴之间的
和平
而我飞到内蒙
来到昭君墓
仅仅是为了
欣赏
游玩
我真不知应当欣喜
还是惭愧

2021.7.14

刚刚好

在满洲里西郊机场
准备坐飞机
回呼和浩特
去商店
买了一桶泡面
在饮用水区
撕开包装
准备泡时
广播突然响起
说是
前往呼和浩特的飞机
现在准备登机
我心里一惊
难道是我们的航班
却听见
旁边的一个小哥哥
笑了出来
原来
他刚好准备泡泡面
就要登机了
最后
那桶泡面
被送给了
我们

2021.7.15

马路

飞机延误
在机场的
候机区等候
旁边座位上
来了一个小男孩
他手里
拿着一辆
小小的
汽车
突然
我的手臂一凉
低头一看
原来是
小男孩
将汽车
放在我的手臂上
滑来滑去

2021.7.15

套娃

在套娃广场玩
快结束的时候
我们去了套娃酒店
从外观上看
这是个十分可爱的
娃娃
但走到娃娃的
肚子里
却让我有一种
阴森的
感觉
就像是
成了娃娃的
食物
果然套娃

2021.7.15

对方正在输入……

侯马伯伯单位的
工作人员小宋
微信名字叫
对方正在输入……
他刚加侯马伯伯
微信时
侯马伯伯没有
将备注改掉
有一次
小宋
给侯马伯伯
传送一个文件
侯马伯伯
看着微信上
那个对方正在输入……
等待了
许久
却没等到
他打电话
给小宋
什么东西要打
这么久的字
小宋连忙解释
并让侯马伯伯
改了备注

2021.8.9

隐士

与西娃阿姨

在奥运公园

散步

来到一个湖边

西娃阿姨

坐在湖边的

大石头上

旁边放着

一些吃的

嘴里

叼着一根烟

如果回到了古代

她就仿佛

一个

在山里的

隐士

2021.7.21

时代的步伐

在蒙古包吃饭
快结束时
一支乐队
唱起了蒙古歌
那些中老年诗人
趁着酒劲
也跟着
放声歌唱
而我们这些
年轻人
只能尴尬地
坐在位置上
一动不动

2021.8.3

吃货

和磨铁公司的
五个人
一起坐高铁
前往呼市
到了清河高铁站
沈浩波伯伯
提议去吃东西
便带着我们
去二楼的柜台前
点吃的
我站在一边
听着他
点了三碗包子
一碗肉饼
一盘丝瓜
一盘海带
一碗粥
还有一杯豆浆
和四瓶北冰洋
吓得我
连忙阻止
生怕点太多了
吃不完
沈浩波伯伯
却风轻云淡
说
吃得完
吃得完
菜上来后
才一会儿的工夫
大家就把这些食物
吃光了

2021.8.4

未来

在去清河高铁站的
路上
我们聊起了职业
所长对我说
你高考考完
可以来磨铁
实习
我很开心地
答应了
心想
这么快
就找好
实习的公司
没想到
沈浩波伯伯
磨铁的老总
却说道
不用实习了
总裁的位置
直接给你

2021.8.5

障碍物

重回呼市的
第一天晚上
大家一起
吃晚饭
我坐在
侯马伯伯的
正对面
桌子的中央
有一个
大花瓶
侯马伯伯
对服务员说
请把这个花瓶
拿走一下
不然
我看不到
若昕了

2021.8.9

盘峰之争

在盘峰一代
新书分享会上
瑠歌哥哥
提出一个问题
可以再来一场
盘峰之争吗
伊沙伯伯大笑
这是个好问题
沈浩波伯伯
却摇了摇头
说
我这辈子
都不想再来一场了
我很好奇
如果再来一场
他们会如何评价
我的诗

2021.8.7

别草原

昨天中午的
告别宴上
快结束时
伊沙伯伯
要听蒙古歌手唱
莫尼山
那悲伤凄婉的
旋律
响起来
越听
我的心就越难受
歌曲结束后
我们准备上大巴
去高铁站
侯马伯伯
给每个人送别
我积蓄了
好几分钟的泪水
终于爆发出来
窝在侯马伯伯的
怀里
大声哭泣

2021.8.3

恍惚

从家里
去买东西的路上
经过一户人家
里面
播放着
草原歌曲
鸿雁
我停下脚步
静静聆听
仿佛
又回到了
大草原

2021.8.8

称呼

我在诗中
总喜欢写
侯马伯伯
伊沙伯伯
沈浩波伯伯
等
一天
所长对我说
如果你
什么时候
可以把那个
“伯伯”去掉
你就
厉害了

2021.8.14

[全书完]